W0359032

ABC der Tiere 4
Arbeitsheft Lesebuch
silbierte Ausgabe

Herausgegeben von
Klaus Kuhn

Erarbeitet von
Stefanie Drecktrah, Bettina Erdmann, Klaus Kuhn

Name: ____________________

Klasse: ____________________

Mildenberger

Inhalt

✸ Die Texte zu diesen Aufgaben sind etwas schwerer.

Dieses Arbeitsheft stellt eine Auswahl dar. Es enthält zu vielen Geschichten des Lesebuches Arbeitsblätter. Zu allen Geschichten des Lesebuches sind im Handbuch (Bestell-Nr. 4405-70) passende Arbeitsblätter als Kopiervorlagen vorhanden.

Die neue Klasse

S. 8, 9

1. Warum grinst die ganze Klasse, als Max sich vorstellt? (Z. 1–3)

____

2. Was will Max der Klasse damit eigentlich sagen? (Z. 39, 40)

____

____

3. Max fühlt sich von der neuen Klasse ungerecht behandelt.
Was erfährst du im Text über Max' Gefühle? Ergänze die Lücken.

Zeilen	*So reagiert Max*
Z. 4–6	*Max kann nicht mehr denken, sondern* ______________ *.*
Z. 13	*Max holt* ______________ *.*
Z. 17, 18	*Max vergräbt seine* ______________ *und versucht, nicht auf die* ______________ *zu achten.*
Z. 28, 29	*Max ballt seine* ______________ *und* ______________ *auf seine Turnschuhe.* 
Z. 29, 30	*Max' Wangen* ______________ *.*
Z. 30–32	*Max' Gesicht* ______________ *wie eine Tomate.*
Z. 42, 43	*Max beißt* ______________ *, damit der Riesenkloß* ______________ *verschwindet.*
Z. 51–53	*Max kann* ______________ *kaum zurückhalten.*

4. Wie verhält sich Herr Brömmer in dieser Situation?
Kreuze die richtigen Aussagen an.

- [ ] Er sitzt an seinem Pult und sagt zunächst keinen Ton.
- [ ] Er macht sich über Max lustig und lacht ihn aus.
- [ ] Er ermahnt Ole Schröder und kommt Max zu Hilfe.
- [ ] Er beachtet Max nicht und setzt den Unterricht fort.
- [ ] Er legt eine Hand auf Max' Schulter und tröstet ihn.

Die Schnecke im Ohr

1. Ordne die Überschriften den Abschnitten in Aufgabe 2 zu.

2. Ergänze die Lücken.

a) Z. 1–6 Überschrift: ______

Albina ist ______ und trägt ______.

Sie wird von einem Lichtwecker geweckt.

b) Z. 7–12 Überschrift: ______

Es sind 14 Kinder in Albinas Klasse. Sie sitzen im ______, damit sie sich auf den Mund schauen können. Sie lernen das ______.

c) Z. 13–21 Überschrift: ______

Die Kinder üben das ______ vor einem ______.

Sie spüren auch nach, wie sich im ______ ihr ______ bewegt.

d) Z. 22–31 Überschrift: ______

Das Cochlea-Implantat ist ein technisches Gerät. Ein ______ nimmt die Geräusche auf. Es ist mit einem ______ am ______ befestigt. Das Implantat sitzt unter der Kopfhaut. Die aufgenommenen Geräusche werden über die Hörschnecke an den ______ weitergeleitet.

e) Z. 32–38 Überschrift: ______

Thomas kann das Cochlea-Implantat abdecken.

Albina nimmt ihre Hörgeräte heraus. Unter ______ können sie sich mit den ______ unterhalten.

Uno, due, tre

S. 12

1. Das Gedicht hat fünf Strophen. Jeder der folgenden Sätze beschreibt eine davon. Ordne zu und trage die richtige Nummer der Strophe ein.

2. Welche neuen Wörter wären für dich in einem fremden Land hilfreich, um mit den Kindern in deiner Klasse ins Gespräch zu kommen? Schreibe sie auf. Tausche dich anschließend mit einem Partner darüber aus.

3. Jede Strophe des Gedichts beginnt mit italienischen Zahlwörtern. Schreibe einen Reim zu deutschen Zahlwörtern auf.

Eins, zwei, drei.

Vier, fünf, sechs und sieben.

Acht, neun, zehn.

Hannes fehlt

S. 14, 15

1. Warum bemerkt keiner, dass Hannes am Abend fehlt? (Z. 19–22)

2. Was trifft zu? Kreuze an.

a) Am Anfang …

sind die Kinder wegen Hannes' Verschwinden besorgt. ☐ ja ☐ nein

wollen sie mehr über Hannes wissen. ☐ ja ☐ nein

b) Während der Lehrer und der Busfahrer Hannes suchen, …

fangen die Mitschüler an, sich Sorgen zu machen. ☐ ja ☐ nein

wollen sie mehr über Hannes wissen. ☐ ja ☐ nein

c) Als Hannes wieder da ist, …

sind die Mitschüler froh darüber. ☐ ja ☐ nein

wollen sie mehr über Hannes wissen. ☐ ja ☐ nein

3. Als Hannes wieder da ist, wollen die Kinder mehr über ihn wissen.
Woran erkennt man ihr Interesse?

4. Worauf werden die Kinder beim nächsten Schulausflug achten?
Begründe deine Antwort.

Gereimtes und Ungereimtes

S. 16, 17

1. Das Gedicht „Nicht mit den Wölfen heulen“ hat drei Strophen. Jeder der folgenden Sätze beschreibt eine davon. Ordne zu und trage die richtige Nummer der Strophe ein.

◯ Die anderen versuchten ihn zu überreden und sagten ihm nette Sachen, aber sie überzeugten ihn nicht und sie beschimpften, bedrohten und bespuckten ihn.

◯ Es war einmal ein Junge, der nicht das machte, was die anderen machten, deswegen beschimpften, bedrohten und bespuckten sie ihn.

◯ Der Junge machte das, was er wollte, ohne Angst zu haben, auch wenn sie ihn beschimpften, bedrohten und bespuckten.

2. Ordne den Redensarten ihre Bedeutung zu. Verbinde.

mit den Wölfen heulen •	• eine Kleinigkeit stark übertreiben
jemanden auf die Palme bringen •	• sich der Mehrheit anschließen; nicht nach eigenen Überzeugungen handeln
aus einer Mücke einen Elefanten machen •	• jemanden anlügen, täuschen
die Katze aus dem Sack lassen •	• jemanden wütend machen
jemandem einen Bären aufbinden •	• jemandem etwas Gutes bieten, was dieser nicht zu schätzen weiß
Perlen vor die Säue werfen •	• jemandem etwas verraten, ein Geheimnis lüften
Schmetterlinge im Bauch haben •	• jemanden provozieren; etwas schlimmer machen
Öl ins Feuer gießen •	• verliebt sein

3. Auf den Seiten „Gereimtes und Ungereimtes“ sind drei Gedichte. Welches Gedicht gefällt dir am besten? Sprich mit einem Partner darüber und begründe deine Meinung.

Herr Kratochwil kommt – fast – zu spät

S. 18, 19

1. Nummeriere die Ausreden von Herrn Kratochwil in der Reihenfolge, wie sie im Lesebuch stehen.

◯ Auf dem Weg zur Schule hat er ein Kätzchen von einem Dach gerettet.

◯ Zwei Indianer haben auf ihn geschossen.

◯ Die Socken wollten nicht in die Schuhe.

◯ Auf dem Weg zur Schule hat er unzählige merkwürdige Dinge gefunden.

◯ Er balanciert einen Krug Wasser auf dem Kopf wie Frauen und Männer in Afrika.

2. Welche Ausreden sind nicht nur lustig, sondern weisen auch auf wichtige Themen hin?

____

____

3. Was sind die wichtigen Themen?

____

____

4. Was erreicht Herr Kratochwil mit seinen Ausreden und Geschichten? Kreuze die richtigen Aussagen an.

☐ Die Kinder sind pünktlich in der Klasse.

☐ Er kann jeden Tag lange ausschlafen.

☐ Er kann das Interesse der Kinder auf wichtige Themen lenken.

5. Findest du, Herr Kratochwil ist ein guter Lehrer? Begründe.

____

____

____

Lesetraining – Lesen auf 3 Stufen

1. Überprüfe die Aussagen zu dem Text, den du gelesen hast, und kreuze die richtigen Sätze an.

• Lernort Zoo

SU ☐ Tarek arbeitet im Zoo.

LE ☐ Tim hat die Kinder durch den Zoo geführt.

CH ☐ Mara hatte großen Spaß dabei, die Tiere zu streicheln.

RN ☐ Mara hat besonders gut gefallen, was sie über den Rüssel der Tiere gelernt hat.

ER ☐ Die Kinder haben den Tieren Futter gebracht.

EN ☐ Man kann im Zoo etwas über Tiere im Regenwald lernen.

•• Lernort Planetarium

LE ☐ Lola fand die Ringe des Saturns beeindruckend.

SU ☐ Die Klasse hat einen Astronomie-Ferienkurs besucht.

RN ☐ Die Klasse hat einiges über unser Sonnensystem erfahren.

CH ☐ Die Klasse hat etwas über die Geschichte des Universums gelernt.

ER ☐ Nur Schulklassen können ins Planetarium kommen.

EN ☐ In einem anderen Vortrag kann man durch die Galaxie reisen.

••• Lernort Bergwerk

SU ☐ Nubia und Felix arbeiten für die Tageszeitung.

LE ☐ Im Bergwerk ist es sehr feucht.

CH ☐ Im Sommer ist es im Bergwerk sehr heiß.

RN ☐ Im Kinderbergwerk gibt es einen Bohrhammer.

EN ☐ Schulklassen dürfen in der Museumswerkstatt echte Fossilien freilegen.

ER ☐ Die Fossilien sind seit ungefähr tausend Jahren im Stein verschlossen.

2. Die Buchstaben vor den richtig markierten Kästchen aus Aufgabe 1 ergeben das Lösungswort.

Auch außerhalb der Schule kann man

interessante Dinge __ __ __ __ __ __.

3. Welchen Lernort würdest du gern mit deiner Klasse erkunden? Informiere dich im Internet und schreibe deinen Vorschlag ins Heft.

Prometheus

S. 26, 27

1. Löse das Kreuzworträtsel mithilfe des Lesebuches.

1) Material, aus dem der Sage nach die Menschen geformt wurden
2) Mächtigster aller Götter
3) Göttin der Weisheit
4) Gebirge, an das Prometheus geschmiedet wird
5) Prometheus entzündet sie am Feuer des Sonnenwagens.
6) Er bringt den Menschen Feuer.
7) Er tötet den Adler und befreit Prometheus.
8) Herkunftsland der Sage

2. Die Buchstaben in den markierten Kästchen aus Aufgabe 1 ergeben das Lösungswort.

Prometheus brachte den __ __ __ __ __ __ __ __ das Feuer.

3. Warum war das Feuer für die Menschen so wichtig?

____

____

4. Warum wollte Zeus nicht, dass die Menschen Feuer bekamen?

____

____

5. Was meinst du: Hätten die Menschen das Feuer auch gewollt, wenn sie gewusst hätten, dass es nicht nur nützlich ist, sondern auch Gefahren wie Waldbrände mit sich bringt? Sprecht in der Klasse darüber und begründet eure Meinung.

Feuer als Naturgewalt

S. 28, 29

1. Betrachte das Bild im Lesebuch auf Seite 28 unten.
   a) Schaue dir die Farben an. Wie wirken sie auf dich?

   b) Schaue dir die Menschen an. Was machen sie?

2. Lies den Abschnitt „Wie die Menschen lernten, das Feuer zu nutzen". (Z. 1–19)
   Wozu haben die Urmenschen das Feuer genutzt? Beachte besonders die Zeilen 13–19.

3. Lies den Abschnitt „Das erste Feuerzeug". (Z. 20–28)
   Warum war diese Erfindung eine große Erleichterung für die Menschen?
   Überlege mit einem Partner zusammen und schreibe auf.

4. Der Ötzi machte Feuer. Beschrifte das Bild.

Bildinhalte erfassen und wiedergeben | gezielt Informationen finden

Feuer aus der Tiefe der Erde

S. 30, 31

1. Was geschieht wann? Trage die Sätze richtig neben die Bilderreihe ein.

Wo früher eine Stadt stand, ist nichts als tote Aschewüste.

Eine Aschewolke steigt auf.

Die Erde bebt.

Eine glühend heiße Wolke wälzt sich die Hänge herab.

Die Tiere sind unruhig.

Pompeji ist zerstört.

Es regnet Gesteinsbrocken.

Es regnet kleine Bimssteinbrocken.

(Z. 5 – 13)

(Z. 14 – 37)

(Z. 38 – 45)

(Z. 46, 47)

2. Auch in der heutigen Zeit kommt es immer wieder zu Vulkanausbrüchen. Informiere dich in Büchern oder im Internet.

Die Kraft des Windes

S. 34 – 37

1. Verbinde die Aussagen mit den richtigen Jahreszahlen.

- vor 100 Jahren (1913) o
- vor 250 Jahren o
- vor 300 Jahren o
- vor 1000 Jahren o
- vor mehreren Tausend Jahren o

- o Die Dampfmaschine wird erfunden. Die durch Dampf erzeugte Kraft ist viel stärker und unabhängig von der Laune des Windes.
- o Das Bild der Städte wird von den hohen, qualmenden Schornsteinen beherrscht.
- o Die Kraft des Windes wird auch „über Land" eingefangen: Windmühlen werden als „Antriebsmotoren" eingesetzt.
- o Die Kraft des Windes wird als Antrieb für Flöße, Boote und Schiffe entdeckt.
- o In der Stadt Amsterdam drehen sich ungefähr 500 Windmühlenräder.

2. Die Erfindung der Dampfmaschine führte zum „Mühlensterben".
   Was war der Vorteil der Dampfmaschine gegenüber den Windmühlen? (Z. 12 – 15)

3. Was ist der Vorteil der Windenergie gegenüber der Energie aus Brennstoffen? (Z. 27 – 49)

Lesetraining – Lesen auf 3 Stufen

S. 38, 39

1. Woran kannst du erkennen, dass der Text, den du gelesen hast, eine Vorgangsbeschreibung ist? Kreuze an.

EX ☐ Das Wort steht in der Überschrift.

VE ☐ Es wird genau beschrieben, wie man das Experiment durchführen soll.

RA ☐ In dem Text werden Datum und Uhrzeit genannt.

2. Überprüfe die Aussagen zu dem Text, den du gelesen hast, und kreuze die richtigen Sätze an.

● Kannst du einen Bücherstapel umblasen?

PE ☐ Für das Experiment wird eine Papiertüte benötigt.

RT ☐ Es genügt, wenn du leicht in die Tüte bläst.

RS ☐ Die Luft in der Tüte hebt den Bücherstapel an.

UC ☐ Die Bücher rutschen zur Seite weg.

HE ☐ Luft kann viel Kraft ausüben.

●● Was braucht Feuer zum Brennen?

RT ☐ Unter dem kleinen Glas befindet sich mehr Sauerstoff als unter dem großen.

RS ☐ Die Gläser müssen gleichzeitig über die Teelichter gestülpt werden.

PE ☐ Das Teelicht ohne Glas erlischt zuerst.

UC ☐ Das Teelicht unter dem kleinen Glas erlischt zuerst.

HE ☐ Feuer braucht Sauerstoff, um zu brennen.

●●● Wer hat die Plastikflasche zusammengedrückt?

PE ☐ Die Plastikflasche wird mit kaltem Wasser gefüllt.

RS ☐ Die Flasche muss nach dem Einfüllen verschlossen werden.

UC ☐ Warme Luft benötigt mehr Platz als kalte.

RT ☐ Im warmen Zustand bewegen sich Luftteilchen langsamer.

HE ☐ Die Flasche zerknautscht, weil sich die Luft darin abgekühlt hat und der Luftdruck von außen stärker ist.

3. Die Buchstaben vor den richtig markierten Kästchen aus Aufgabe 1 und 2 ergeben das Lösungswort.

Diese ___ ___ ___ ___ ___ ___ ___ ___ machen viel Spaß.

4. War es leicht oder schwer für dich, das Experiment zu verstehen? Sprich mit einem Partner darüber und begründe deine Meinung.

Zwei Augenbrauen sind besser als eine

S. 42, 43

1. Was weißt du über die drei Personen? Ordne zu.

Name			
Alter			
Rolle in der Familie			
Besonderes „Kennzeichen“			
So denkt sie über den Vorfall			

2. Was ist genau passiert? Beachte die Zeilen 7, 10–12 und 26, 27.

Zwei Augenbrauen sind besser als eine

S. 42, 43

1. Woran merkt man, dass Indie weiß, dass sie etwas falsch gemacht hat? (Z. 22, 23)

2. Indie mag ihre Mutter sehr gern. Was mag sie aber nicht? (Z. 14, 15)

3. „Mam“ möchte, dass sich Indie bei Kati entschuldigt.
Findest du es richtig? Kreuze an und begründe.

- ☐ Ich finde es richtig, dass sie sich entschuldigt, …
- ☐ Ich finde es nicht richtig, dass sie sich entschuldigt, …

weil

4. Kati findet das alles nur halb so schlimm.
Womit vergleicht sie Indies Dummheit? (Z. 28–30)

5. Wie geht die Sache für Indie aus? Schreibe deine Meinung auf.

Klassenkeile

S. 44 – 47

1. Wann bekommt Clara ein rotes Gesicht? (Z. 4, 5)

2. Welchen Spitznamen hat Clara in der Klasse? (Z. 9)

3. Warum heißt sie so und wer hat sie zuerst so genannt? (Z. 11, 12)

4. Wie nennt Michael sie später und warum? (Z. 29, 30)

5. Auch Bernd hatte früher einen verletzenden Spitznamen. Wie wurde er genannt? (Z. 68, 69)

6. Was erkennt Clara am Schluss? (Z. 73)

7. Was meinst du: Wird Claras Lage sich jetzt verbessern? Sprich mit einem Partner darüber und begründe.

S. 44 – 47

Mobbing

Das Wort „Mobbing" kommt aus dem Englischen – to mob: schikanieren, angreifen, bedrängen. Mobbing bedeutet, dass eine schwächere Person von einer oder mehreren Personen, die stärker sind, immer wieder gehänselt, geärgert und verletzt wird. Mobbing kann verbal (mit Worten) passieren oder physisch (körperlich).

1. Stimmt es oder stimmt es nicht? Kreuze an.

	Aufgabe 1	Aufgabe 2
Clara wird jedes Mal rot, wenn in der Klasse etwas passiert ist und ihr Lehrer sie anschaut.	☐ stimmt ☐ stimmt nicht	☐ Mobbing
Clara wird von anderen immer wieder wegen ihres Aussehens gehänselt.	☐ stimmt ☐ stimmt nicht	☐ Mobbing
Clara hat Angst vor den anderen.	☐ stimmt ☐ stimmt nicht	☐ Mobbing
Clara kann sich lautstark und selbstbewusst vor den anderen verteidigen.	☐ stimmt ☐ stimmt nicht	☐ Mobbing
Clara hat Freunde, die zu ihr stehen.	☐ stimmt ☐ stimmt nicht	☐ Mobbing
Claras Lehrer nimmt sie in Schutz und vertraut ihr.	☐ stimmt ☐ stimmt nicht	☐ Mobbing

2. Welche der Aussagen zeigen, dass Clara gemobbt wird? Kreuze an.

3. Nenne jeweils ein Beispiel aus dem Text mit Zeilenangabe, das zeigt, dass Clara verbal und physisch gemobbt wird.

verbal: ______________________________

physisch: ______________________________

4. Was kann man gegen Mobbing machen? Sprecht in der Klasse darüber.

Das geht Frau Neugebauer überhaupt nichts an

S. 48, 49

1. Kreuze an.

a) Als Hannes ins Kinderzimmer stürmt, ist er …

☐ traurig. ☐ wütend. ☐ krank.

b) Er hat gehört, wie seine Mutter etwas Vertrauliches …

☐ über seine Schwester erzählt hat.

☐ über ihn erzählt hat.

☐ über ihren Vater erzählt hat.

c) Nachdem er seiner Schwester erzählt hat, was passiert ist, …

☐ kann sie seine Wut verstehen.

☐ findet sie seine Reaktion übertrieben.

☐ geht es ihm besser, weil er über seine Gefühle gesprochen hat.

☐ fühlt er sich noch genauso wütend wie vorher.

2. Wie könnte die Geschichte weitergehen? Schreibe auf. Die Ideen unten können dir helfen.

- Hannes und Anne sprechen mit ihrer Mutter und bitten sie, zukünftig nicht mehr über sie zu sprechen.
- Die Geschwister erzählen der Nachbarin etwas Persönliches von der Mama und zeigen ihrer Mutter so, wie es sich anfühlt.
- Die Geschwister trösten sich gegenseitig und sprechen nicht mehr darüber.

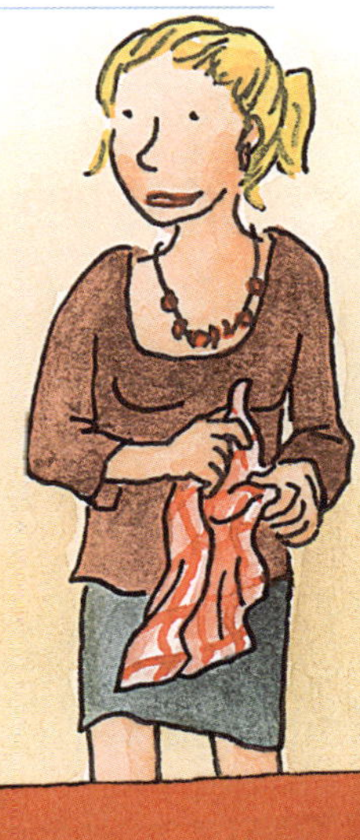

Tsozo

1. Welche Wörter lernt Tsozo bei der ersten Begegnung mit seinen Freunden? (Z. 29, 30) Ergänze.

   „________ bin Anna und wer bist ________?

   Die ________ hier ________ Mia und Noah.

   ________ wohnen hier in der Straße.

   Danke, dass du den ________ geholt hast.

   Willst du mit uns ________ ________?“

2. Schreibe mit den Wörtern, die Tsozo bei seinem Besuch von Anna gelernt hat, sinnvolle Sätze. (Z. 76–79)

3. Lies noch einmal die Zeilen 56–67. Warum hatten Anna, Mia und Noah Glück, dass Tsozo schon einige deutsche Wörter kannte? Erkläre.

4. Welches Wort ist für Tsozo das allerwichtigste? Warum? Begründe.

1. Das Gedicht hat fünf Strophen. Jeder der folgenden Sätze beschreibt eine davon. Ordne zu und trage die richtige Nummer der Strophe ein.

2. Kennst du dieses Gefühl von Traurigkeit? Was hilft dir dann, wieder fröhlich zu werden?

____

____

____

____

3. Das Gedicht beschreibt starke Gefühle. Schreibe die vierte Strophe um, sodass sie Fröhlichkeit, Glück, Wut, Vorfreude oder Stolz auf eigene Leistungen ausdrückt.

Bin so

so ______________________________,

dass ______________________ *nur so* ______________________

______________________________,

immer nur so ______________________________,

dass ______________________________

____

Lesetraining – Lesen auf 3 Stufen

S. 54, 55

1. Kreuze die richtigen Antworten an.

a) Warum sitzt Lisa im Rollstuhl?

T ☐ Sie hatte als Baby eine schwere Krankheit.

R ☐ Die Behinderung ist angeboren.

S ☐ Sie hatte einen schlimmen Unfall.

b) Manchmal ist Lisa traurig, weil sie …

R ☐ andere um Hilfe bitten muss.

T ☐ nicht mehr auf Bäume klettern und Schlitten fahren kann.

H ☐ keine Freundin hat.

c) Warum kann Lisa den Rollstuhl allein rollen?

A ☐ Durch viel Üben hat Lisa starke Arme bekommen.

O ☐ Der Rollstuhl ist elektrisch.

E ☐ Durch viel Üben kann sie sich nun mit den Beinen abstoßen.

d) Lisa findet es blöd, …

L ☐ wenn ihre Freundin Hanna mit ihr reden will.

R ☐ wenn andere Leute sie schieben, ohne sie vorher zu fragen.

O ☐ wenn andere Leute fragen, ob sie Hilfe braucht.

e) Außerdem mag Lisa es nicht, wenn …

K ☐ andere sie mitleidig anschauen.

L ☐ sie den Rollstuhl allein rollen muss.

T ☐ sie andere um Hilfe bitten muss.

2. Die Buchstaben vor den richtig markierten Kästchen aus Aufgabe 1 ergeben das Lösungswort.

Lisa ist ___ ___ ___ ___ ___, weil sie sich nicht unterkriegen lässt.

3. War es leicht oder schwer für dich, den Text zu verstehen? Sprich mit einem Partner darüber und begründe deine Meinung.

4. In welchen Situationen brauchst du manchmal Hilfe? Wer kann dich dabei unterstützen? Schreibe in dein Heft.

Parzival und die Ritter der Tafelrunde

S. 58, 59

1. Parzival weiß nichts über Ritter.
   Was erfährt er über sie in den Zeilen 1–17?

   Ritter tragen eine glänzende ____________________.

   Sie bewegen sich auf prächtigen ____________________

   fort und tragen ____________________ bei sich, die im

   Sonnenlicht strahlen. Im Wald trifft Parzival den berühmten

   Ritter ____________________, der zu den Rittern der

   großen ____________________ gehört. Diese sind

   König ____________________ untergeben, der seinen

   Sitz in ____________________ hat. Um Ritter zu werden,

   muss man das ____________________ lieben und

   ____________________ sein.

2. Informiere dich in einem Lexikon oder im Internet über die Ritter im Mittelalter und beantworte die folgenden Fragen:

   a) Was waren die ritterlichen Tugenden?

   ____

   ____

   ____

   b) Wonach suchten die Ritter der Tafelrunde und was ist es?

   ____

   ____

   ____

Die Veilchentasse

S. 60–62

1. Z. 1–32: Sammle alle Informationen, die zeigen, dass die Oma nicht mehr ganz gesund ist.

2. Z. 33–39: Die Mutter sagt, dass die Oma ständig betreut werden muss und dass sie das zu Hause nicht tun kann.
   Welche Lösung haben sie und ihr Mann gefunden?

3. Z. 40–44: Wie reagiert die Oma, als sie erfährt, dass sie weggebracht wird?

4. Z. 45–52: Kann Marlies die Entscheidung ihrer Eltern verstehen? Erkläre.

5. Z. 53–55: Wo geht Marlies hin, als ihre Eltern mit der Oma weggefahren sind?

Die Veilchentasse

S. 60–62

1. Z. 55, 56: Was hat Marlies' Mutter für Oma eingepackt?

2. Z. 57, 58: Was kann die Oma nicht mit ins Heim nehmen, weil sie dort nur einen Kleiderschrank hat?

3. Z. 17–19: Welche Erinnerung hat Marlies an die Tassen?

4. Z. 53–71: Jetzt ist ihre Oma weg und die Tassen stehen noch da. Wie fühlt sich Marlies?

5. Z. 59–66: Sie möchte weinen, aber sie kann es nicht. Was tut sie?

6. Z. 19–24: Warum zerstört Marlies die Veilchentasse nicht?

Für Samay

S. 63

Information

Heinrich Böll war ein berühmter deutscher Schriftsteller. Er ist am 21. Dezember 1917 in Köln geboren und am 16. Juli 1985 in Kreuzau-Langenbroich (Nordrhein-Westfalen) gestorben. Im Jahr 1972 erhielt er den Nobelpreis für Literatur.

1. Kreuze an. Bei Aufgabe b) sind mehrere Antworten möglich.

   a) Der Autor Heinrich Böll hat das Gedicht „Für Samay“ für …

   ☐ seine Frau geschrieben.

   ☐ seine Tochter geschrieben.

   ☐ seine Enkelin geschrieben.

   b) Er möchte ihr mit dem Gedicht sagen, dass …

   ☐ sie eine Familie hat, die für sie da ist.

   ☐ sie bald gemeinsam einen Familienurlaub machen werden.

   ☐ jeder, der geboren wird, auch irgendwann sterben muss.

   ☐ sie im Leben allein auf sich gestellt ist.

   ☐ keiner aus der Familie den anderen unterstützt.

   ☐ sie keine Angst davor haben soll, wenn er bald stirbt.

   ☐ er sie liebt.

2. Finde Beispiele, wie deine Familie dir hilft und dich unterstützt.

____

____

____

____

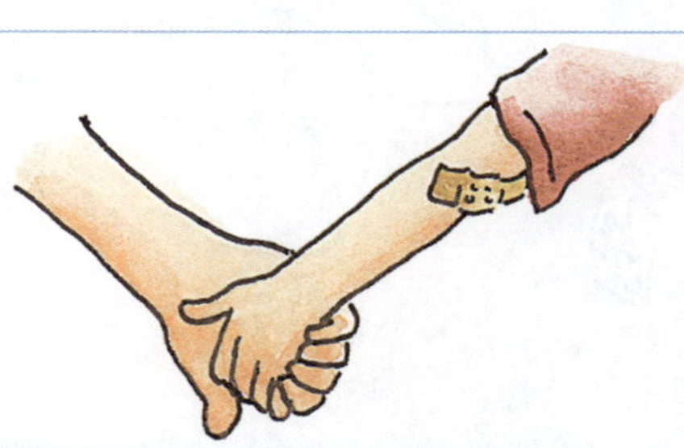

Erstens, zweitens, drittens

S. 64, 65

1. Jetzt ist es so weit. Katrin erzählt ihren Enkeln von ihrem Opa.
   Vervollständige die Sätze.

„Ich mochte meinen Opa sehr gern. Von seinem Körperbau her war er (Z. 5, 6)

____________________, genauso wie sein Grabstein es heute noch ist.

Oft war er auch sehr (Z. 6) __________ und tat nur, was er selbst wollte.

Zusammen gingen wir gern im (Z. 7, 8) ____________________.

Dort erzählte er mir immer etwas. Wir redeten über vieles, zum Beispiel über (Z. 8–10)

____

____

______________________________. Komisch, aber mit anderen

Leuten sprach Opa nicht so gern. Da schwieg er lieber, (Z. 12) __________

______________________________. Natürlich habe ich ihn

einmal gefragt, warum er ausgerechnet mit mir so gern sprach. Da setzte er sich

auf die Bank und (Z. 15) _______________. Dann sagte er leise:

Erstens, (Z. 16) ______________________________.

Zweitens, (Z. 19) ____________________

____

______________________________.

Drittens, (Z. 25) ____________________

____

______________________________.

Und mit seinem ‚Drittens' hat er recht gehabt.
Ich denke noch oft an ihn und heute erzähle ich
euch von ihm, so wie er es wollte ...“

2. Warum ist es wichtig, auch als Erwachsener neugierig zu sein?
   Schreibe in dein Heft und begründe.

Lesetraining – Lesen auf 3 Stufen

S. 66, 67

1. Kreuze die richtigen Antworten an.

a) Woran kannst du erkennen, dass die Texte Tagebucheinträge sind?

FÜ ☐ Die Texte geben ein Datum an und sind in der Ich-Form geschrieben.

FA ☐ Die Texte sind aus der Sicht eines Erzählers in der Er-Form geschrieben.

ST ☐ In den Texten werden ein Ort und der Name des Erzählers genannt.

b) Worum geht es in dem Text, den du gelesen hast?

ST ☐ Der Text erzählt eine erfundene Geschichte.

AL ☐ Der Text berichtet sachlich über ein vergangenes Ereignis.

HR ☐ Eine Person erzählt ihre persönlichen Erlebnisse oder Gedanken eines Tages.

2. Kreuze bei dem Text, den du gelesen hast, die richtige Aussage an.

● **Kindheit um 1956**

EN ☐ Wir waren zuerst baden, dann haben wir Verstecken gespielt.

ER ☐ Zuerst haben wir Verstecken gespielt, dann waren wir baden.

●● **Kindheit um 1986**

ER ☐ Zuerst ging ich mit Patrick ins Freibad, dann hörten wir Kassette. Anschließend fuhren Papa und ich zum Bolzplatz.

EN ☐ Ich spielte zuerst allein, dann kam Patrick vorbei. Anschließend kickte ich mit Papa auf dem Bolzplatz.

●●● **Kindheit heute**

EN ☐ Zuerst gingen wir ins Wellenbecken, dann zur Pirateninsel. Anschließend spielten wir Spiele und gingen danach zur Riesenrutsche.

ER ☐ Zuerst gingen wir ins Wellenbecken, dann spielten wir Spiele. Anschließend gingen wir zur Riesenrutsche und danach zur Pirateninsel.

3. Die Buchstaben vor den richtig markierten Kästchen aus Aufgabe 1 und 2 ergeben das Lösungswort.

Ein Tagebuch zu ___ ___ ___ ___ ___ ___

ist wie „Fotografieren mit einem Bleistift“.

4. Schreibe einen eigenen Tagebucheintrag mit deinen Erlebnissen ins Heft. Du kannst auch ein Bild dazu malen.

Markus mag Maja

S. 70, 71

1. Was erfährst du im Text über Markus' Gefühle?
   Schreibe sie auf.

Z. 1	*Seit einer Woche fühlte sich Markus richtig schlecht.*	☹
Z. 4		
Z. 10		
Z. 15		
Z. 19, 20		
Z. 24		
Z. 26		
Z. 28		
Z. 35		
Z. 44 – 46		

2. Male ein ☺ dahinter, wenn Markus sich gut, und ein ☹, wenn er sich schlecht fühlt.

Mädchentore zählen doppelt

S. 72–74

1. Lies die Zeilen 10–17.

a) Warum bestimmt Herr Wiedemeyer diese Jungen als Mannschaftsführer? Kreuze an.

- ☐ Weil Robin, Josef und Olli in der alphabetischen Klassenliste ganz unten stehen und bei diesem Spiel dran sind.
- ☐ Weil sie besonders viel von Taktik beim Fußball verstehen.
- ☐ Weil er meint, dass es für die unsportlichen Jungen eine Schmach wäre, nach den Mädchen gewählt zu werden.

b) In welcher Reihenfolge werden die Schüler in die Mannschaft gewählt? Nummeriere.

- ◯ andere Jungen
- ◯ Mädchen
- ◯ gute Spieler, die im Verein spielen

2. Findest du das Vorgehen, wie die Mannschaften gewählt werden, gerecht? Sprich mit einem Partner darüber und begründe deine Meinung.

3. Was meinst du: Hätten die Mannschaftsführer damit rechnen müssen, dass Lola eine gute Fußballspielerin sein könnte? Kreuze an und begründe.

☐ Ja, weil …   ☐ Nein, weil …

Mädchentore zählen doppelt

S. 72–74

1. Es gibt die besondere Regel, dass Mädchentore doppelt zählen. Beantworte die Fragen.

   a) Nutzen die Jungen den taktischen Vorteil, Tore von Mädchen machen zu lassen? (Z. 29–33)

   b) Nehmen die Jungs Lola ernst, als sie ihr erstes Tor schießt? (Z. 47, 48)

2. Wird es in Zukunft die Regel, Mädchentore zählen doppelt, noch geben? Begründe.

3. Wie wird es beim nächsten Fußballspiel sein? Schreibe eine kurze Geschichte. Die Wörter unten helfen dir dabei.

COOLMAN und ich

S. 75–77

1. Stelle dir vor, du hast einen eigenen unsichtbaren Begleiter wie COOLMAN.
   Was würde er oder sie tun oder sagen? Fülle den Steckbrief aus.
   Du kannst auch eine Begleitfigur von unten auswählen.

Name: ____________________

Eigenschaften: ____________________

____

Ist dein Begleiter hilfreich? Kreuze an. ☐ ja ☐ nein

Hallo, mein Name ist **Infogirl**.
Wenn du Daten oder Infos brauchst – ich bin für dich da.
Wusstest du, dass Brüssel rund 1,2 Millionen Einwohner hat?

Man nennt mich **Spaßmaus**.
Ich erzähle Witze am laufenden Band.
Kennst du den schon? Am Abend ruft die Holzwurmmutter ihren drei Kindern zu: „Husch, husch ins Brettchen!"

Hey!
Ich bin der **Cheerleader**.
Du machst das super!
Egal was du tust – ich bin immer an deiner Seite und feuere dich an.

2. Schreibe eine kurze Geschichte mit deinem unsichtbaren Begleiter.

____

____

____

____

____

____

____

____

____

____

Lesetraining – Lesen auf 3 Stufen

S. 78, 79

1. Kreuze die richtigen Antworten an.

a) Bei den Texten handelt es sich um …

V ☐ ein Drehbuch mit Anweisungen für ein Theaterstück.

B ☐ einen Dialog, in dem sich zwei Menschen unterhalten.

H ☐ eine Geschichte, die von zwei Menschen erzählt wird.

b) Wie läuft der Girls'Day ab?

A ☐ Handwerker, Techniker und Ingenieure kommen in die Schule und berichten über ihre Arbeit.

O ☐ Lehrerinnen und Lehrer informieren Mädchen über Männerberufe.

E ☐ Mädchen besuchen Handwerker, Techniker und Ingenieure bei der Arbeit.

c) Inzwischen gibt es auch einen Boys'Day, an dem …

N ☐ Jungen „typische Männerberufe“ kennenlernen.

T ☐ Jungen und Mädchen zusammen ein Praktikum machen.

R ☐ Jungen einen Einblick in „typische Frauenberufe“ erhalten.

d) Welche Berufe gelten laut Text als „typische Frauenberufe“?

E ☐ Technikerin und Ingenieurin

U ☐ Krankenpflegerin und Erzieherin

O ☐ Schreinerin und Handwerkerin

e) Was hat der Girls'Day bewirkt?

R ☐ Nichts.

F ☐ Mehr Frauen arbeiten jetzt in technischen Berufen.

G ☐ Männer werden seltener Handwerker und Techniker.

2. Die Buchstaben vor den richtig markierten Kästchen aus Aufgabe 1 ergeben das Lösungswort in einem berühmten Zitat.

„Wähle einen ___ ___ ___ ___ ___, den du liebst, und du brauchst keinen Tag in deinem Leben mehr zu arbeiten.“

Konfuzius (551–479 v. Chr., chinesischer Philosoph)

Die Schwabenkinder

S. 82–85

1. Woher kamen die Hütekinder?

2. Wohin gingen sie?

3. Wie alt waren sie?

4. Von wann bis wann arbeiteten sie im Jahr?

5. Als was arbeiteten sie?

6. Wie viele Hütekinder kamen jährlich nach Oberschwaben?

7. Nenne Stichwörter aus dem Text, die beschreiben, wie die Reise für die Kinder war.

8. Was geschah nach Ankunft der Hütekinder?

Die Schwabenkinder

S. 82 – 85

1. Warum wurden die Kinder von ihren Eltern nach Oberschwaben geschickt?

____

____

____

2. Welchen Lohn erhielt ein Hütekind am Ende seines Dienstes?

____

3. Lies die Informationskästen im Lesebuch auf Seite 85.

   a) Wie viel war ein Gulden für eine Familie wert?

   ____

   ____

   b) Trage die richtigen Jahreszahlen ein und ergänze die Lücken.

16. Jahrhundert	*Die Schwabengängerei wird erstmals erwähnt.*
1884	*Die Arlbergbahn wird eröffnet und erleichtert*
	______________________ .
________	*Ein Verein kümmert sich um die Tiroler Hütekinder.*
________	*Die Kindermärkte werden* ______________________ .
________	*Die Einführung der allgemeinen* ______________________
	beendet die Schwabengängerei endgültig.
	In Württemberg gab es ab 1836 eine Schulpflicht, die aber nicht für ausländische Kinder galt.

Maria an der Straße

1. Löse das Kreuzworträtsel mithilfe der Seiten 86 und 87 im Lesebuch.

1) An einer Straßenkreuzung verdient Maria Geld mit dem Verkauf von …
2) Der Verkauf der Nüsse ist der einzige … für die kleine Familie.
3) Marias Mutter hat zuvor Reis und … gekocht und an Reisende verkauft.
4) Aber seit einiger Zeit ist Marias Mutter … und muss zu Hause bleiben.
5) Maria und ihre Mutter wohnen in einer winzigen …, die sich außerhalb der Innenstadt befindet.
6) Maria ist … Jahre alt.
7) Maria geht nicht zur Schule, weil die … und die Unterrichtsgebühren nicht bezahlt werden können.

2. Die Buchstaben in den markierten Kästchen aus Aufgabe 1 ergeben in der richtigen Reihenfolge das Lösungswort.

Maria ist ein ___ ___ ___ ___ ___ ___ ___ und tapferes Mädchen.
(1 2 3 4 5 6 7)

Till Eulenspiegel als Bäckergeselle

S. 88

1. Warum gibt sich Till als Bäckergeselle aus?

2. Kann er wirklich backen?

3. Warum sagt der Bäcker zu Till, er soll „Eulen und Meerkatzen“ backen?

4. Was hat Till gebacken?

5. Warum ist der Bäckermeister am Schluss verärgert?

6. Schreibe eine eigene Eulenspiegel-Geschichte in dein Heft.

Lesetraining – Lesen auf 3 Stufen

S. 90, 91

1. Überprüfe die Aussagen zum Text und kreuze die richtigen Antworten an.
   Achtung: Es können auch mehrere Antworten richtig sein.

a) Was ist ein Teigling?

RA ☐ Ein Teigling ist eine fertig gebackene Teigportion.

UN ☐ Ein Teigling ist ein geformtes, noch nicht gebackenes Stück Teig.

b) Wohin werden die Teiglinge geliefert?

ST ☐ Moderne Bäckereien bekommen die Teiglinge tiefgefroren geliefert.

BR ☐ Die Teiglinge werden in den Supermarkt geliefert und dort aufgebacken.

c) Warum backen viele Leute ihr Brot zu Hause selbst?

EF ☐ Brot ist schon früh morgens immer ausverkauft.

OT ☐ Viele Leute bevorzugen Brot ohne künstliche Zutaten.

d) Warum muss ein traditioneller Bäcker früh aufstehen?

BA ☐ Die Herstellung von Brot nimmt viele Stunden Zeit in Anspruch.

BL ☐ Kunden kaufen das Brot beim Bäcker nur, wenn es noch warm ist.

e) Macht es einen Unterschied, ob man das Brot im Supermarkt oder beim Bäcker kauft?

CK ☐ Wenn man das Brot bei einem traditionellen Bäcker kauft, enthält es in der Regel keine künstlichen Zusatzstoffe und der Teigling ist vor dem Backen nicht gefroren.

EN ☐ Egal, ob der Teigling in einer modernen Bäckerei oder im Supermarkt aufgebacken wird – das Brot enthält meist künstliche Zusatzstoffe.

2. Die Buchstaben vor den richtig markierten Kästchen aus Aufgabe 1 ergeben den Lösungssatz.

   Brot essen ist keine K ___ ___ ___ ___, dafür aber

   ___ ___ ___ ___   ___ ___ ___ ___ ___ ___.

3. Wo kauft ihr euer Brot? Welches Brot isst du gern? Begründe und schreibe in dein Heft.
   Tausche dich auch mit einem Partner darüber aus.

Marco Polo

S. 94, 95

1. Ergänze die Jahreszahlen auf dem Zeitstrahl.

2. Ergänze die Lücken.

um 1254 – Marco Polo wird in Venedig geboren.

___ – Marco Polo und sein Vater brechen zu einer Reise nach Asien auf.

In ___ gibt es kein Schiff für sie, also nehmen sie den Landweg über die Seidenstraße.

___ – Sie besichtigen die Palastruinen von Balch.

Sie reisen entlang der ___ Taklamakan.

In der Stadt ___ sehen sie erstmals eine große Anzahl Chinesen.

___ – Sie kommen in ___ an, der Sommerresidenz des Herrschers Kublai Khan.

Marco Polo und sein Vater reisen als ___ ___ durch ganz China.

1291 – Marco Polo und sein Vater treten die Rückreise an.

Sie machen Zwischenstation in ___ ___.

Nach weiteren 18 Monaten sind sie wieder in ___.

___ – Marco Polo und sein Vater sind zurück in Venedig.

___ – Marco Polo stirbt in Venedig.

Kolumbus segelt nach Westen

S. 96, 97

1. Lies den Text „Kolumbus segelt nach Westen“ aufmerksam und löse das Kreuzworträtsel.

1) Kolumbus hatte die Idee, Indien durch eine Seefahrt in Richtung … zu erreichen.
2) Die Gelehrten zur Zeit des Kolumbus wussten, dass die Erde keine Scheibe war, sondern die Gestalt einer … hatte.
3) Zu dem Zeitpunkt waren nur die Kontinente Europa, Asien und … bekannt.
4) Nach zwanzig Tagen auf dem Meer wurden die … unruhig.
5) Aber am 12. Oktober 1492 glaubte Kolumbus, Indien gefunden zu haben und nannte deshalb die Menschen dort …
6) Zuerst wurde er als „Vizekönig von Indien“ hoch geehrt, dann aber für die blutigen … verantwortlich gemacht und sogar in Ketten gelegt.
7) Die „Neue Welt“ erhielt den Namen Amerika nach dem Entdecker Amerigo …
8) Dieser hatte als Erster erkannt, dass es nicht Asien, sondern ein neuer … war.
9) Kolumbus hatte bei der Planung seiner Reise die Entfernung zwischen Europa und Asien falsch berechnet. Sie war … viel größer.

2. Die Buchstaben in den markierten Kästchen aus Aufgabe 1 ergeben in der richtigen Reihenfolge das Lösungswort.

Die Entdeckung eines neuen Kontinents hatte zur Folge, dass sich vieles

___ ___ ___ ___ ___ ___ ___ ___ ___ würde.
1 2 3 4 5 6 7 8 9

Galileo Galilei erforscht die Sterne

S. 98 – 101

1. Beschreibe mit jeweils einem Satz, was im Lesebuch auf den Bildern zum Text zu sehen ist.

S. 98: *Galileo Galilei erforscht die Sterne.*

S. 99: ______________________________

____

S. 100: ______________________________

____

S. 101: ______________________________

____

2. Im Text wird erzählt, welche wichtigen Entdeckungen Galileo Galilei gemacht hat. Fülle die Lücken aus.

(Z. 21 – 42) Aristoteles hatte vor __________ *Jahren gesagt, dass* ______________________________ *als leichte. Galileo Galilei bewies mit dem Versuch am Schiefen Turm von Pisa* ______________________________.

(Z. 48 – 69) Mit der Weiterentwicklung seines Fernrohrs konnte Galileo Galilei die Beschaffenheit des Mondes besser erkennen. Er erkannte ______________________________. *Bisher hatte man die Milchstraße als ein helles Band am Nachthimmel angesehen. Galileo Galilei sah, dass sie aus* ______________________________ *besteht. Seine Entdeckung der* ______________________________ *veränderte das Bild unseres Sonnensystems.*

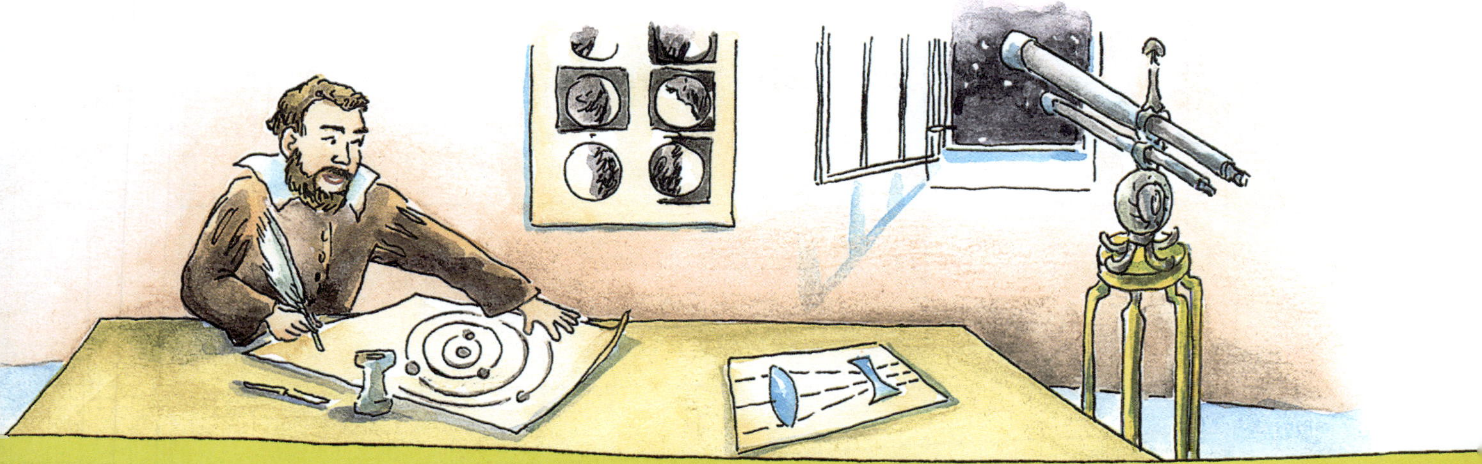

Galileo Galilei erforscht die Sterne

S. 98 – 101

1. Ergänze die Städtenamen und fülle dann die Lücken aus.

Zeilen	*Wo?*	*Was?*
Z. 7–10	______	*Galileo Galilei wird im Jahr ______ geboren. Mit 15 studiert er auf Wunsch seines Vaters ______.*
Z. 11–17	______	*Er studiert sein Lieblingsfach ______ und macht physikalische ______.*
Z. 18–45	______ 	*Im Alter von ______ Jahren wird er Lehrer für Mathematik an der Universität. Er widerlegt die Annahme, dass schwere Gegenstände ______ fallen als leichte.*
Z. 45–49	______	*Galilei wird Professor. Er kommt zu der Erkenntnis, dass sich nicht die Sonne um die Erde dreht, sondern andersherum, die Planeten um die ______.*
Z. 50–69	*Besuch in* ______ 	*Er erfährt von der Entwicklung des ______ in Holland und baut sein eigenes, das er selbst immer weiter entwickelt. Am 7. Januar ______ entdeckt er damit die vier Monde des Jupiters.*
Z. 70–83	______	*Er wird der Ketzerei angeklagt, weil seine Forschungen der Bibel widersprechen. Aus Angst vor der ______ widerruft er seine Erkenntnisse.*
Z. 84–87	______	*Erblindet stirbt er am ______ im Alter von 78 Jahren.*

Maria Sibylla Merian

S. 102, 103

1. Maria Sibylla Merian wird nach ihrer Rückkehr aus Surinam interviewt. Beantworte die Fragen mithilfe des Lesebuches.

Frau Merian, wie wurde Ihr Interesse für Insekten geweckt?

Z. 4–7: ______________________________

____

Wer hat Ihnen das Zeichnen beigebracht?

Z. 13, 14: ______________________________

____

____

Sie sind nach Surinam in Südamerika gereist. Waren Sie allein unterwegs?

Z. 20, 21: ______________________________

____

Was haben Sie in Surinam gemacht?

Z. 23, 24: ______________________________

____

Wie darf man sich das genau vorstellen?

Z. 26, 27: ______________________________

____

Haben Sie etwas von der Reise mitgebracht?

Z. 29, 30: ______________________________

____

Wo kann man diese Tiere denn mal sehen?

Z. 32–35: ______________________________

____

2. Was hättest du Maria Sybilla Merian gern gefragt? Überlege mit einem Partner mögliche Fragen und spielt das Interview.

S. 104, 105

1. Kreuze die richtigen Antworten an.

a) Bei den Texten handelt es sich um …

M ☐ Tagebucheinträge, in denen von der Mondlandung berichtet wird.

L ☐ Lexikonartikel, die alle wichtigen Fakten zusammenfassen.

S ☐ Zeitungsartikel, die am nächsten Tag von der Mondlandung berichten.

b) Die Astronauten, die am 21. Juli 1969 auf dem Mond landeten, hießen …

E ☐ Neil Armstrong und Michael Collins.

O ☐ Neil Armstrong und Edwin Aldrin.

A ☐ Neil Armstrong, Edwin Aldrin und Michael Collins.

c) Wer war als Erster im Weltraum?

N ☐ Juri Gagarin

S ☐ Neil Armstrong

R ☐ Michael Collins

d) Wie konnten die Menschen die Mondlandung mitverfolgen?

N ☐ Sie schauten sich das Ereignis im Fernsehen an.

T ☐ Sie informierten sich über das Ereignis im Internet.

M ☐ Sie beobachteten das Ereignis draußen am Nachthimmel mit Ferngläsern.

e) Die Mondlandung war ein „riesiger Sprung für die Menschheit“, weil …

O ☐ Menschen nun endlich auch Urlaub auf dem Mond machen konnten.

E ☐ Menschen mit einem Raumschiff die Erde verlassen und zum ersten Mal überhaupt einen Fuß auf den Mond gesetzt hatten.

A ☐ Menschen im Weltall wegen der fehlenden Schwerkraft weit springen können.

2. Die Buchstaben vor den richtig markierten Kästchen aus Aufgabe 1 ergeben das Lösungswort.

Die ___ ___ ___ ___ ___ ist die Quelle des Mondscheins.

3. Wie haben wohl die Astronauten die Landung auf dem Mond erlebt? Mit welchen Erlebnissen kehrten sie auf die Erde zurück? Schreibe ins Heft.

Baron von Münchhausen: Das Pferd auf ...

S. 110, 111

1. Beschreibe, was auf den sechs Bildern passiert.

a)

b)

c)

d)

e)

f)

Baron von Münchhausen: Das Pferd auf ...

S. 110, 111

1. Münchhausen wird auch Lügenbaron genannt. Erkläre.

2. Welche Aussagen aus dem Text sind gelogen? Kreuze an.

- ☐ Im Sommer gibt es eine Mückenplage in Russland.
- ☐ Im Winter ist es in Russland sehr kalt.
- ☐ Der Schnee kann unbemerkt über Nacht wegschmelzen.
- ☐ Ein Pferd kann einen Sturz aus solcher Höhe unverletzt überstehen.

3. Welche Gründe hatte der Baron, solche Geschichten zu erzählen?

- ☐ Er hat diese Geschichten genau so erlebt.
- ☐ Er wollte die Leute mit seinen Geschichten belustigen und unterhalten.
- ☐ Er wollte vor den Leuten angeben und zeigen, was für ein toller Kerl er war.

4. Schreibe selbst eine Lügengeschichte in dein Heft.
Wichtig ist dabei, dass du übertreibst und die Wirklichkeit verdrehst.
Schreibe in der Ich-Form und verwende einige der folgenden Satzanfänge.

Ihr werdet nicht glauben, was mir passiert ist ...
Ich traute meinen Augen kaum ...
Ich glaubte, zu träumen ...
Es war nicht zu fassen ...
Unfassbar, was dann geschah ...
Glaubt nicht, dass ...

Rumpelstilzchen

S. 112 – 114

1. Finde heraus, welche Aussage auf welche Person aus dem Märchen zutrifft. Verbinde.

Der arme Müller

Die schöne Müllerstochter

Der König

Rumpelstilzchen

Ein Bote

- ist gierig nach Gold und nutzt die Müllerstochter aus, um noch reicher zu werden.
- ist verzweifelt, weil sie etwas eigentlich Unmögliches tun soll, nämlich Stroh zu Gold spinnen.
- wird von der Königin ausgesandt, um den Namen des Männleins herauszufinden.
- möchte, dass seine Tochter ein besseres Leben hat, als er ihr bieten kann.
- fordert das Kind von der Königin und gibt ihr nur eine winzige Chance, es zu behalten.

2. Was erfährst du über die Müllerstochter am Anfang des Märchens?

3. Wie versucht der Müller, den König auf seine Tochter aufmerksam zu machen?

Märchen – früher und heute

S. 116

1. Löse das Kreuzworträtsel mithilfe der Seite 116 im Lesebuch.

1) Ein Buch zum Anhören
2) Märchenfigur, deren Name zu erraten ist
3) Zweiter Vorname des Märchenautors Andersen
4) „Des … neue Kleider“ ist ein Märchen von Andersen.
5) Märchenwesen aus dem Wasser
6) Von Hand gemalter Film
7) Märchenfigur, deren Kopfbedeckung farblich hervorsticht
8) Bildergeschichte mit Sprechblasen
9) Wilhelm und Jacob … haben Märchen gesammelt.

2. Die Buchstaben in den markierten Kästchen aus Aufgabe 1 ergeben das Lösungswort.

Die ___ ___ ___ ___ ___ ___ ___ ___ ___ ___ auf der Erbse
1 2 3 4 5 6 7 8 9 10
ist auch ein Märchen von Hans Christian Andersen.

Märchen – früher und heute

S. 116

1. Märchen, wie zum Beispiel „Rotkäppchen“, werden in verschiedenen Formen und Medien angeboten. Ordne richtig zu: Erzählung, Hörspiel, Webseite, Comic, Spielfilm.

Der Jäger ging am Haus
der Großmutter vorbei
und dachte: „Wie die alte
Frau schnarcht, da musst
du sehen, ob ihr etwas fehlt.“
Er trat in die Stube und
sah den Wolf im Bett liegen.

https://maerchen-sammlung...

Rotkäppchen

Hier kannst du alle Kinder- und Hausmärchen der Brüder Grimm online lesen. Viel Spaß!

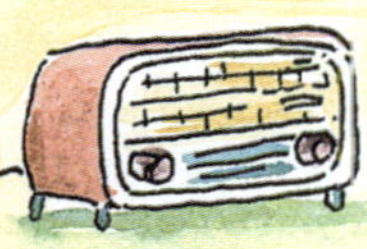

Jäger: „Die alte Frau schnarcht aber laut. Ich schau mal, ob ihr etwas fehlt.“

Rotkäppchen: „Hab ich mich gefürchtet! Es war so dunkel im Wolfsbauch.“

Großmutter: „Rettung in letzter Minute! Danke schön, Herr Jäger!“

2. Was könnten die Figuren sagen? Fülle die Sprechblasen oben aus.

3. a) Welche Kindermedien im Bereich „Märchen“ kennst du? Welche davon gefallen dir besonders gut? Was kannst du empfehlen? Schreibe in dein Heft und begründe.

b) Tausche dich mit einem Partner aus und besprecht eure Ergebnisse.

c) Stellt eure Märchen-Empfehlungen in der Klasse vor.

Besuch

S. 117

1. Das Gedicht hat fünf Strophen. Jeder der folgenden Texte aus Sicht des Riesen passt zu einer davon. Ordne zu und trage die richtige Nummer der Strophe ein.

Ich habe viel gelacht
und mit einem Besenstiel
meinen Namen an einen
Felsen geschrieben.

Ein paar schwarze Vögel
saßen in meinem Haar.
Sie haben laut geschrien
und viel erzählt.

Stelle dir vor: Ich war zu Gast
bei einem Menschenkind.
Weil ich nicht in sein Haus
gepasst habe, haben wir uns
in den Garten gesetzt.

Neulich habe ich einen anderen
Menschen getroffen. Der kannte
meinen Namen und richtete
Grüße von meinem Gastgeber aus.

Mein Name lautet
MUTAKIRORIKATUM.
Den kann man von vorne
und von hinten lesen.

2. Hättest du auch gern einmal Besuch von einer Märchenfigur?
Was für ein Wesen wäre es und was würdet ihr gemeinsam machen?
Lasse deiner Fantasie freien Lauf und schreibe Stichwörter.

Klopoteks Boxer

S. 118, 119

1. Was gefällt Motte an der Verwandlung? (Z. 8, 9)

2. Lies noch einmal die Textstellen und beende die Sätze.

Z. 13–16: Normalerweise versteckt sich Motte in der Wohnung, wenn er das Hecheln von Klopoteks Boxer hört,

aber heute Nacht

Z. 21–32: Normalerweise wäre Motte vor Angst die Treppe runtergefallen, wenn Nero auf ihn losgesprungen wäre,

aber heute Nacht

Z. 33–37: Normalerweise wären Herr Klopotek und sein Boxer die eindeutig Stärkeren gewesen,

aber heute Nacht

Z. 47–49: Normalerweise kann es für Motte nicht hell genug sein, wenn er sich mit Lina in ihrem Geheimversteck trifft,

aber heute Nacht

Klopoteks Boxer

1. Was ist mit Motte heute Nacht los? Erkläre.

2. Wie reagiert Lina, als sie Motte sieht?

3. Kannst du Linas Reaktion verstehen? Begründe.

4. Für Motte ist alles zu viel. Er ist verzweifelt.
   Ihm schwirren tausend Gedanken durch den Kopf.
   Vervollständige die Sätze.

W as ist nur ______________?

E rklärt mir denn keiner, ______________?

R eagieren alle ______________?

W arum ______________?

O b ich wohl ______________?

L ina, bitte ______________!

F antastisch finde ich aber, ______________.

Lesetraining – Lesen auf 3 Stufen

S. 120, 121

1. Kreuze die richtigen Antworten an.

   a) Nemo bekommt …

   SO ☐ geheimnisvolle Briefpost.
   LE ☐ ein Päckchen, das nicht für ihn bestimmt ist.
   FA ☐ ein Päckchen, das er nicht öffnen soll.

   b) Darin findet Nemo …

   HR ☐ ein gefährliches Yeti-Monster.
   BE ☐ ein plüschiges Yeti-Kuscheltier.
   NO ☐ eine Yeti-Actionfigur.

   c) Das Wesen im Schneegestöber ist …

   TS ☐ ein Mensch.
   LW ☐ der lebendig gewordene Plüsch-Yeti.
   SA ☐ ein geheimnisvolles Tier.

   d) Dass es im Juni schneit, …

   TE ☐ hält Nemo für völlig normal.
   MO ☐ macht Nemo Angst.
   ES ☐ verwundert Nemo.

   e) Der Plüsch-Yeti …

   ER ☐ ist bester Laune.
   EN ☐ heult und schluchzt.
   FE ☐ lacht wie ein kleines Kind.

2. Die Buchstaben vor den richtig markierten Kästchen aus Aufgabe 1 ergeben das Lösungswort.

   Yetis sind ___ ___ ___ ___ ___ ___ ___ ___ ___ ___

   aus dem Himalaja.

3. War es leicht oder schwer für dich, den Text zu verstehen? Sprich mit einem Partner darüber und begründe deine Meinung.

4. Wie könnte die Geschichte weitergehen? Schreibe in dein Heft.

Papa, wann darf ich mit?

S. 126, 127

1. Trage auf der Karte Alaska, Anchorage und Aleuten ein. Ein Atlas kann dir helfen.

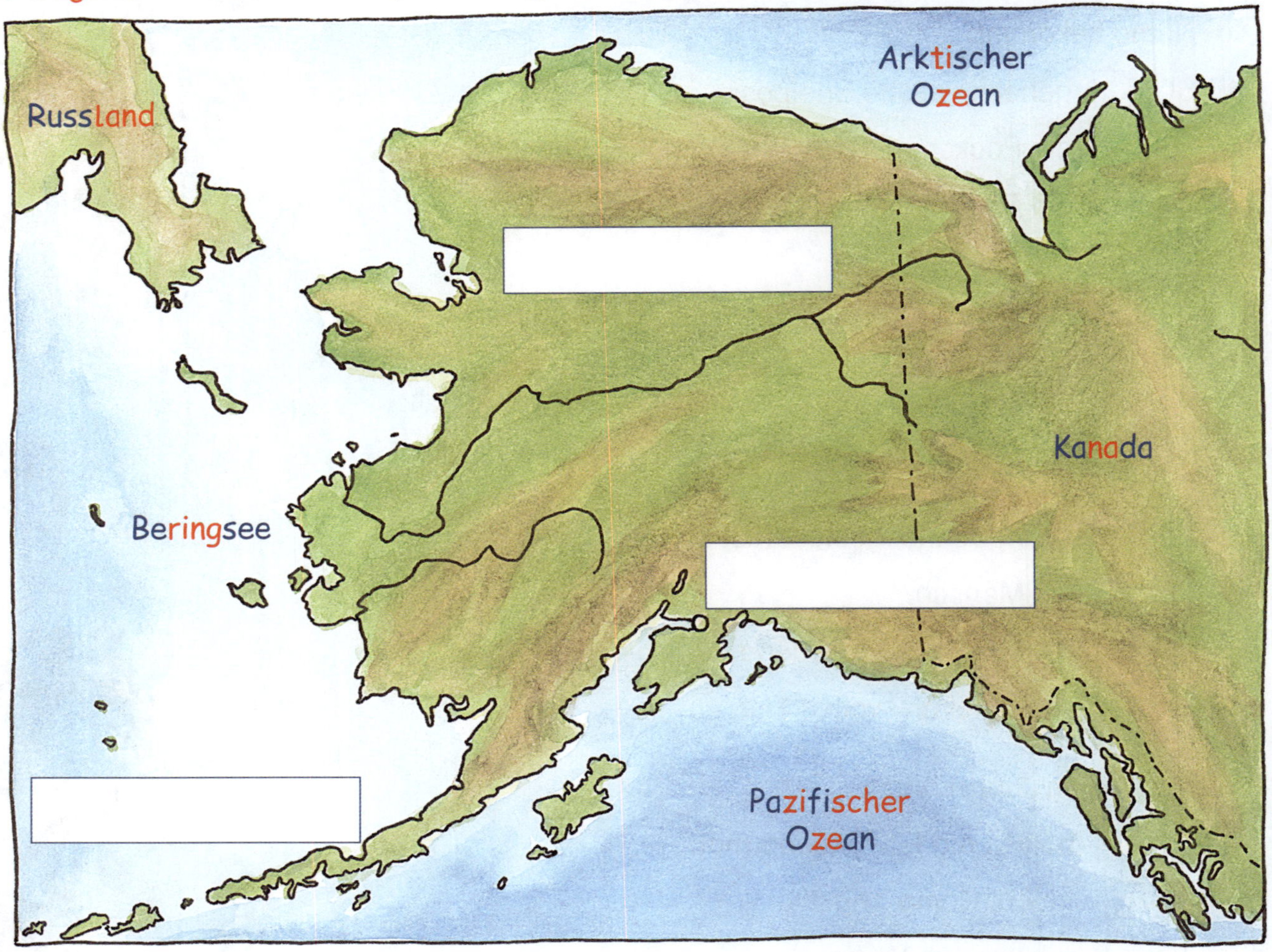

2. Erik schreibt ein Reisetagebuch. Ergänze.

Reisetagebuch von: ______________________

Wer begleitet ihn? ______________________

Von wann bis wann geht die Reise? ______________________

____

Wohin geht die Reise? ______________________

____

Warum verreisen sie? ______________________

____

Womit verreisen sie? ______________________

____

Mäuserettung

S. 128, 129

1. Z. 1–3: Schildere das Problem auf dem Dachboden von Jettes Familie.

2. Wie will Jettes Mutter das Problem lösen?

3. Jette ist damit nicht einverstanden.
Was unternimmt sie gemeinsam mit ihren Freundinnen, um die Tötung der Mäuse durch die Fallen zu verhindern?

Z. 4, 5:

Z. 13, 14:

Z. 15–19:

Z. 20–27:

4. Z. 39: Als die erste Maus in der Lebendfalle gefangen wird, bringt Jette sie in die Küche. Wie reagiert ihr Vater darauf?

5. Z. 44–51: Warum wirft die Mutter die „Todesfallen“ in den Müll?

Der Hase Theodor

S. 130 – 132

1. Fülle die Lücken aus.

Zwergkaninchen im Allgemeinen

Im Vergleich zu Stallkaninchen oder Hasen aus dem Wald sind Zwergkaninchen ____________________. Sie wurden zum reinen ______________ gezüchtet: für den Schoß und das Zimmer. Zwergkaninchen haben kürzere ______________ und sind nicht größer als eine ______________. Wie alle Nager brauchen sie weder Wasser noch Milch. Sie nehmen die nötige Flüssigkeit mit den ______________ auf, die sie täglich in großen Mengen verzehren. Allen ______________ wachsen die Zähne über die normale Größe hinaus, wenn sie sich nicht täglich an harten Gegenständen „______________“.

2. Fülle die Lücken aus.

Das Zwergkaninchen Theodor

Theodor ist ein solches Zwergkaninchen. Sein Fell ist ganz _________ mit ______________ Härchen an den Löffelspitzen und den _________________. Seine Augen sind _________. Theodor ist kein lebenstüchtiger Hase. Er vergaß irgendwann, sich an harten Gegenständen zu „verbeißen“, sodass die Vorderzähne immer ______________ wurden. Damit er wieder richtig ______________ kann, muss der Tierarzt die Vorderzähne abzwicken.

Der Hase Theodor

S. 130 – 132

1. Wie erreicht Clemens, dass ihm seine Eltern einen Zwerghasen kaufen?

2. Was fordern die Eltern von Clemens?

3. Zuerst ist Clemens begeistert. Wie verhält er sich später?

4. Wie beurteilst du Clemens' Verhalten?

5. Wer versorgt den Zwerghasen Theodor anstelle von Clemens?
   Lies noch einmal die Zeilen 34 – 38.

6. Was macht den Vater zornig?
   Lies noch einmal die Zeilen 9 – 11 / 18, 19 / 39, 40 und 44 – 49.

Der Löwe und das Mäuschen

S. 133

1. Welche Eigenschaften passen zum Löwen, welche zur Maus, als die beiden sich zum ersten Mal begegnen? Lies noch einmal die Zeilen 1–9 und markiere dann die Eigenschaften des Löwen gelb und die der Maus grün.

2. Welche Eigenschaften passen bei der zweiten Begegnung zum Löwen und zur Maus? Lies noch einmal die Zeilen 10–15 und markiere dann die Eigenschaften des Löwen gelb und die der Maus grün.

3. Der Löwe ist im Netz gefangen. Welche Eigenschaften zeigen der Löwe und die Maus?

4. Welche der Fabellehren passen zu der Fabel? Kreuze an.

☐ Wer anderen eine Grube gräbt, fällt selbst hinein.

☐ Keiner ist so schwach, dass er nicht auch einmal einem Starken helfen könnte.

☐ Wer im Glashaus sitzt, sollte nicht mit Steinen werfen.

☐ Wenn zwei sich streiten, freut sich der Dritte.

☐ Unterschätze auch einen schwächeren Gegner nicht.

☐ Auch die scheinbar Kleinen können für die Mächtigen stark und von Bedeutung sein.

Lesetraining – Lesen auf 3 Stufen

S. 134, 135

1. Kreuze die richtigen Antworten an.
   Achtung: Es können auch mehrere Antworten richtig sein.

   a) Wohin führt der Weg der Kröten auf ihrer Wanderschaft?

   LA ☐ Kröten wandern zu einem Teich oder See.
   ST ☐ Kröten wandern dorthin, wo es trocken ist.
   IC ☐ Kröten wandern zu dem Ort, an dem sie geschlüpft sind.

   b) Warum begeben sich Kröten auf Wanderschaft?

   AU ☐ Kröten wandern, um nicht überfahren zu werden.
   HG ☐ Kröten wandern, um ihre Eier abzulegen.
   IE ☐ Kröten wandern, weil sie Abwechslung lieben.

   c) Wann findet die Krötenwanderung statt?

   EF ☐ Die Krötenwanderung findet nach dem letzten Nachtfrost statt.
   BL ☐ Die Krötenwanderung findet zweimal im Jahr statt.
   EW ☐ Die Krötenwanderung findet im Frühling statt.

   d) Welche Maßnahmen werden zum Schutz der Kröten getroffen?

   ÄS ☐ Entlang von Straßen werden Krötenzäune aufgestellt.
   EF ☐ Naturschützer stellen am Straßenrand Eimer bereit. Darin finden die Kröten Nahrung, um zu überleben.
   SE ☐ Manchmal werden Straßen für mehrere Wochen gesperrt.

   e) Warum kann es für Kröten während ihrer Wanderschaft gefährlich werden?

   RN ☐ Kröten laufen Gefahr, auf Straßen überfahren zu werden.
   EL ☐ Kröten können unterwegs verhungern.
   ST ☐ Kröten können sich auf ihrem Weg verirren.

2. Die Buchstaben vor den richtig markierten Kästchen aus Aufgabe 1 ergeben das Lösungswort.

   Auch du kannst den Kröten auf dem Weg zu ihren

   ___ ___ ___ ___ ___ ___ ___ ___ ___ ___ ___ ___ ___ ___ helfen!

3. Überlegt gemeinsam, wie ihr in eurer Klasse eine Aktion zum Schutz der Kröten organisieren könnt. Tragt eure Ideen zusammen und tauscht euch aus.

Wenn dich ein Löwe nach der Uhrzeit fragt

S. 138 – 141

1. Was erfährst du über die Familienmitglieder? Trage ein.

Name:

Rufname:

Alter:

Was kann er besonders gut?

Name:

Rufname:

Herkunftsland:

Was für eine Farm betreibt sie?

Name:

Rufname:

bekannt als:

Herkunftsland:

Beruf:

Was sucht er zusammen mit seinen Arbeitern?

2. Welches Unglück passiert?

1. Z. 15, 16: Welches Problem hat Temeos Mutter nach dem Unfall?

2. Z. 17, 18: Womit beauftragt sie Temeo?

3. Z. 18–23: Wie soll Temeo den Auftrag ausführen?

4. Z. 24, 25: In welcher Kleidung macht sich Temeo auf den Weg? Erkläre.

5. Auf dem Weg gibt es für Temeo mehrere Hindernisse. Vervollständige die Sätze.

a) *Schon nach hundert Metern waren die neuen Schuhe verstaubt,*

doch zum Glück

b) *Beinahe wäre Temeo von einer Herde Watussi-Ungeheuer überrannt worden,*

doch zum Glück

c) *Beinahe hätte der Wächter Temeo nicht in das Haus von Mister Christofer hineingelassen,*

doch zum Glück

Fremd, aber sicher

1. Fülle den Steckbrief zu Mohamad aus.

Name: ______

Alter: ______

Herkunftsland: ______

jetziger Wohnort: ______

Sprachen: ______

Familie: ______

2. Mohamad und seine Familie sind aus Syrien geflohen. Sie hatten es schwer, in Deutschland erfuhren sie aber auch „ungewöhnliches Glück“ (Z. 3). Was genau ist damit gemeint? Überlege mit einem Partner und zähle auf.

- ______
- ______
- ______
- ______

3. Warum ist es hilfreich, dass Mohamad so gut Deutsch spricht? Begründe.

Es ist hilfreich, dass Mohamad so gut Deutsch spricht, weil ______

______

______

______

______

Der Menschenfresser

S. 144, 145

1. Was erfährst du über den „Menschenfresser“?

Spottname:

richtiger Name (Z. 22):

Unterkunft (Z. 20):

Aussehen (Z. 12 – 14):

Gründe, warum er angefangen hat zu trinken (Z. 37 – 40):

2. Was meint Michi mit dem Spottnamen „Menschenfresser“?

- [ ] Der Mann ist offensichtlich Kannibale.
- [ ] Michi hat das Vorurteil, dass ein so wüst aussehender Mann böse sein muss.
- [ ] Michi geht davon aus, dass der Mann zu den Menschen gehört, die nichts mehr „zu fressen“ haben.

Der Menschenfresser

S. 144, 145

1. Wie nennen der Erzähler, Michi und am Ende „alle“ den Mann, den sie in der Kleingärtneranlage sehen?
   Schaue im Lesebuch nach und schreibe auf.

   Z. 15 – Erzähler: ______

   Z. 16 – Michi: ______

   Z. 19 – Michi: ______

   Z. 23 – Erzähler: ______

   Z. 28 – Erzähler: ______

   Z. 34 – Erzähler: ______

   Z. 35 – Michi: ______

   Z. 36 – Erzähler: ______

   Z. 42, 43 – Michi: ______

   Z. 46 – alle: ______

2. Warum nennt der Erzähler den Mann ab Zeile 34 nicht mehr „Menschenfresser“?

______

______

______

3. Warum ändert Michi seine Meinung über den Mann nicht?

______

______

______

4. Michi erzählt der Mutter vom „Menschenfresser“. Welche Folgen hat das?

______

______

______

Dachbodenluft schmeckt anders

S. 146, 147

1. Wie steht Jo zu seinem neuen Vater, wie zu seiner neuen Schwester?

2. Wie zeigt Jo seinem neuen Vater, dass er ihn nicht mag?

3. Welche Strafe erteilt der Stiefvater Jo?

4. Beurteile das Verhalten von Jo und die Strafe, die ihm sein Vater daraufhin erteilt. Was hätten beide besser machen können?

☐ Das Verhalten von Jo finde ich richtig, …

☐ Das Verhalten von Jo finde ich falsch, …

weil ______

Er hätte ______

______

☐ Die Strafe, die der Vater Jo erteilt, finde ich gerecht, …

☐ Die Strafe, die der Vater Jo erteilt, finde ich ungerecht, …

weil ______

Er hätte ______

______

Dachbodenluft schmeckt anders

S. 146, 147

1. Was fühlt Jo, als er auf dem Dachboden sitzt?

2. Jule kommt zu Jo auf den Dachboden. Wie schafft sie es, dass Jo seine Wut vergisst?
   Lies dazu noch einmal die Zeilen 15–28.

3. Wie reagiert die Mutter, als sie von der Bestrafung ihres Sohnes erfährt?

   Z. 35, 36:

   Z. 41:

   Z. 42:

4. Wohin gehen Jo oder Jule jetzt immer, wenn sie Ärger haben? Warum tun sie das?
   Lies dazu noch einmal die Zeilen 21–25 und 45–47.

5. Wie stellst du dir den Dachboden von Jo und Jule vor?
   Beschreibe ihn oder male ein Bild.

Lesetraining – Lesen auf 3 Stufen

S. 148, 149

1. Kreuze die richtigen Antworten an.

a) Die drei Kinder in dem Baumhaus sind …

SO ☐ die Geschwister Milena, David und die Ich-Erzählerin.

DU ☐ die Geschwister Milena, David und Lukas.

NE ☐ die Freunde Milena, David und Lukas.

b) Was nehmen die Kinder ins Baumhaus mit?

RJ ☐ Sie haben Kerzen dabei.

BE ☐ Sie haben eine Laterne dabei.

FT ☐ Sie haben eine Taschenlampe dabei.

c) Im Text werden folgende Tiere erwähnt:

TS ☐ Käfer, Ameisen und Glühwürmchen.

ST ☐ Käfer, Ameisen, Spinne und Hund.

SA ☐ Mäuse, Spinnen und anderes Ungeziefer.

d) Wie reagiert Milena, als sie merkt, dass ihr etwas über das Gesicht gekrabbelt ist?

TE ☐ Sie grinst und schläft gleich wieder ein.

NO ☐ Sie hält nach Käfern und Spinnen Ausschau.

OF ☐ Sie macht sich laut bemerkbar.

e) Warum sind am nächsten Tag Ameisen im Baumhaus?

ER ☐ Um Milena zu ärgern, hat David die Ameisen ins Baumhaus gebracht.

FE ☐ Die Kinder haben Essensreste vom Vorabend liegen lassen.

AL ☐ Im Baumhaus ist ein Ameisenhaufen.

2. Die Buchstaben vor den richtig markierten Kästchen aus Aufgabe 1 ergeben das Lösungswort.

Ameisen kommunizieren über __ __ __ __ __ __ __ __ __ __,

sogenannte Pheromone.

3. War es leicht oder schwer für dich, den Text zu verstehen? Sprich mit einem Partner darüber und begründe deine Meinung.

4. Hast du auch schon einmal in einem Baumhaus, im Zelt oder im Freien übernachtet? Was hast du alles erlebt? Wie hast du dich gefühlt? Schreibe in dein Heft.

Wie die Schrift erfunden wurde

S. 154, 155

1. Kreuze die richtigen Antworten an.

a) Was war der Ursprung aller Buchstaben?

T ☐ Laute

W ☐ Bilder

b) Worin besteht der Vorteil von Bildzeichen?

E ☐ Sie sind schön bunt.

Ö ☐ Sie sind international verständlich.

A ☐ Sie sind einfach zu malen.

c) Was bedeutet dieses Bildzeichen?

S ☐ Einbahnstraße

R ☐ Sackgasse

N ☐ Achtung: hohe Mauer

d) Was bedeutet dieses Bildzeichen?

S ☐ Krankenwagen-Parkplatz

M ☐ Senioren-Parkplatz

T ☐ Behinderten-Parkplatz

e) Was bedeutet dieses Bildzeichen?

I ☐ Zieleinlauf beim Sport

E ☐ Notausgang

K ☐ Weg zum WC

f) Welche Sprache besteht nur aus Bildzeichen?

R ☐ Chinesisch

T ☐ Deutsch

N ☐ Türkisch

2. Die Buchstaben vor den richtig markierten Kästchen aus Aufgabe 1 ergeben das Lösungswort.

___ ___ ___ ___ ___ ___ bestehen aus Buchstaben.

Wie die Schrift erfunden wurde

S. 154, 155

1. Löse die Rebus-Rätsel. Zwei davon findest du auch im Lesebuch auf Seite 155.

Lösung: ______________________

Lösung: ______________________

Lösung: ______________________

Lösung: ______________________

2. Erfinde ein eigenes Rebus-Rätsel und lasse es von einem anderen Kind lösen.
Tipp: Versuche es mit zusammengesetzten Nomen wie zum Beispiel Regenmantel.

Lösung: ______________________

3. Ein Bild sagt mehr als tausend Worte. Bei Kurznachrichten auf dem Smartphone benutzen viele sogenannte „Emojis"*. Ordne die Aussagen passend zu.

* Emojis: japanisches Wort für Bildzeichen. Sprich: imoodschis.

Vom Buchdruck zu den modernen Medien

S. 156, 157

1. Was ist auf den Fotos zu sehen? Beschreibe.
Die Zeilen 21–27 im Lesebuch helfen dir.

2. Erkläre in einem Satz, warum Gutenbergs Erfindung so bahnbrechend war.

3. Erkläre das Wort „Medium". Die Zeilen 35–44 im Lesebuch helfen dir.

Ein Tag bei den Turbo-Tippern

S. 158, 159

1. Schreibe auf, wer was macht. Der Text im Lesebuch hilft dir dabei.

_______________ *schreibt die Artikel.*

_______________ *berichten,*

was ihr Redaktionsteam alles schreiben möchte.

____

trifft die Entscheidung, was veröffentlicht wird.

_______________ *entscheiden,*

wo welcher Artikel stehen soll.

2. Von der Nachricht bis zur Zeitung im Briefkasten sind viele Menschen beteiligt.
Wer wird noch in dem Text genannt? Was machen sie?

____

____

____

____

____

____

3. Welcher Beruf bei der Zeitung könnte dir gefallen? Begründe.
Sprecht anschließend in der Klasse darüber.

____

____

____

____

So funktioniert Werbung

S. 160, 161

1. Löse das Kreuzworträtsel mithilfe der Seiten 160 und 161 im Lesebuch.

1) Werbesprüche beginnen oft mit demselben …
2) oder die Wörter … sich.
3) Ein … ist ein kurzer, einprägsamer Werbespruch.
4) … bedeutet in der Werbung die Gleichsetzung von einer Person mit dem Produkt. Man mag einen bestimmten Fußballer, kauft also auch das Produkt, wofür er wirbt.
5) Durch zusätzliche … sieht Obst und Gemüse im Supermarkt besonders gut aus.
6) Wir kaufen mehr, wenn wir … hören.
7) Wir werden von gutem … angezogen.
8) Wenn ein Markenname … ist, bleibt er länger im Gedächtnis.

2. Die Buchstaben in den markierten Kästchen aus Aufgabe 1 ergeben das Lösungswort.

Werbung ___ ___ ___ ___ ___ Wünsche.
1 2 3 4 5

Das Buch

S. 164

1. Das Gedicht lässt sich in drei Abschnitte einteilen. Schreibe die Zeilennummern auf.

Abschnitt 1: Die Vorteile des Buches Zeilen: ______

Abschnitt 2: Das Problem mit anderen Medien Zeilen: ______

Abschnitt 3: Die Zukunft des Buches Zeilen: ______

2. Hier ist in anderen Worten beschrieben, worum es in dem Gedicht geht. Aber welche Zeilen sind gemeint? Ordne die Zeilennummern richtig zu. Achtung: Manchmal sind mehrere Strophen zusammengefasst.

~~1, 2~~	3, 4	5, 6	7 – 12	13 – 18	19 – 22	23, 24	25, 26	27 – 34

Ich mache mir keine Sorgen, dass es bald keine Bücher mehr geben wird.
Zeilen: 1, 2

Ein Buch kann ich mitnehmen und an jedem Ort öffnen.
Zeilen: ______

Genauso wie die alten Datenträger, auf denen Filme und Musik waren, die wir früher gemocht haben. Ohne die Abspielgeräte sind diese wertlos.
Zeilen: ______

Selbst in der Zukunft werden Bücher das sein, was sie immer waren: hübsch anzusehen und gut lesbar. Sie sind aus Regalen und Schubladen nicht wegzudenken und die Besitzer werden zufrieden sein. Es wird auch weiterhin Bücher geben.
Zeilen: ______

Ich muss bei einem Buch nicht warten, bis es hochgefahren ist wie ein Computer. Ich kann sofort loslesen.
Zeilen: ______

Egal, ob und wie ich unterwegs bin oder was ich gerade mache: Ein Buch funktioniert ohne Stromquelle und ich muss keine Angst haben, dass es abstürzt wie ein Computer oder Tablet.
Zeilen: ______

Es ist also viel schlauer, gleich bei Büchern zu bleiben.
Zeilen: ______

Und weil die alten Abspielgeräte auch nicht noch einmal erfunden werden, kann man mit den alten Speichermedien nichts mehr anfangen.
Zeilen: ______

Geräte sind schnell veraltet und passen nicht mehr zu den neuesten Datenträgern. Deswegen schmeißen wir sie dann weg.
Zeilen: ______

Frau Quan schreibt Briefe

S. 165

1. Was ist an den Briefen von Frau Quan an ihre Freundin Kitty so besonders?
   Schreibe in ganzen Sätzen. Achte auf die Zeilen 15–18.

2. Was ist das Besondere an den Briefen von Kitty?
   Achte auf die Zeilen 19–24.

3. Erkläre die Zeilen 26–30 mit eigenen Worten.
   Warum bekommt Frau Quan gern Post von ihrer Freundin?

4. Hast du auch schon einmal einen schönen Brief per Post bekommen?
   Wer hat dir geschrieben? Wem würdest du gern einen Brief schicken?
   Tausche dich mit einem Partner aus und schreibe auf.

Lesetraining – Lesen auf 3 Stufen

S. 166, 167

1. Kreuze die richtigen Antworten an.

   a) Bei den Texten handelt es sich um …

   LA ☐ Briefe, die mit der Hand geschrieben wurden.

   DO ☐ Werbetexte für eine Bibliothek.

   ME ☐ E-Mails, die über den Computer verschickt wurden.

   b) Warum war Lukas bei der Bibliotheksführung nicht dabei?

   NS ☐ Er war krank.

   RT ☐ Er war bei der Nachhilfe.

   LK ☐ Er hatte keine Lust.

   c) Was kann man laut Simon alles in der Bibliothek ausleihen?

   TZ ☐ Bücher, Zeitschriften, Filme und Musikinstrumente

   CH ☐ Bücher, Zeitschriften, CDs, Spiele, Filme und CD-ROMs

   CK ☐ Bücher, Zeitschriften, Rezepte und Backformen

   d) Die Signatur auf dem Buchrücken steht für …

   MA ☐ die Kurzform des Autorennamens.

   TU ☐ einen bestimmten Buchstaben- und Zahlencode.

   HE ☐ ein bestimmtes Sachgebiet und den Nachnamen des Autors.

   e) In der Stadtbücherei haben Kinderbücher die Signaturnummer 5.1. Welche Signatur gehört zu einem Kinderbuch von Astrid Lindgren?

   EN ☐ 4.1 Tiel

   DE ☐ 5.1 Nöst

   IT ☐ 5.1 Lind

2. Die Buchstaben vor den richtig markierten Kästchen aus Aufgabe 1 ergeben das Lösungswort in einem Zitat.

> „Der Reichtum der __ __ __ __ __ __ __ __ __ __ liegt nicht in den Tresoren der Banken, sondern in den Regalen der Bibliotheken."
>
> Helmut Glaßl

3. Welche Erfahrungen hast du in der Bibliothek gemacht? Was findest du gut? Was gefällt dir weniger? Erzähle es einem Partner oder schreibe in dein Heft.

Indian Summer

S. 172, 173

1. Beantworte die Fragen mithilfe des Lesebuches und trage die Lösungen ein.

1) Viele Touristen besuchen jedes Jahr zur … die Gegend der Großen Seen in den USA.
2) Sie erleben dort den Indian Summer: die herbstliche … der Laubwälder.
3) Die Laubwälder leuchten in allen …
4) Eine Indianersage erklärt, warum sich die Blätter der Bäume so tiefrot verfärben: Vier Jäger hörten von einem riesigen Bären, einem mächtigen Tier, und dachten, es sei womöglich ein Ungeheuer mit …
5) Sie merkten schnell, dass es sich um den … Nyah-gwaheh handelte, von dem ihre Stammesältesten erzählten.
6) Es hieß, dass seine … verschwindet, wenn man sie verfolgt. Die Jäger gingen mit ihrem Hund Vier-Auge fast ein Jahr lang auf die Jagd, bis sie den Bären endlich stellen und töten konnten.
7) Die Jäger zerlegten ihn und während sie sein Fleisch aßen, bemerkten sie über und unter sich glitzernde … Der Bär hatte sie bis hinauf in den Himmel geführt.
8) Plötzlich bellte Vier-Auge: Der weiße Bär erwuchs neu aus den … und flüchtete. Die Jäger griffen ihre Speere und wieder begann die Jagd.

2. Die Buchstaben in den markierten Kästchen aus Aufgabe 1 ergeben das Lösungswort.

Der Indian Summer geht zurück auf eine Sage der Indianer vom Stamm

der ___ ___ ___ ___ ___ ___ ___ ___.

Weihnachten

1. Was ist deine Meinung über die Wünsche der Tiere?

2. Wie reagiert der Ochse auf den Tritt des Esels? Erkläre.

3. a) Ausgerechnet der Esel erinnert die Tiere an das Wichtigste am Weihnachtsfest. Was denkt man normalerweise über ihn? Was ist jetzt anders? Schreibe auf.

   b) Tausche dich mit einem Partner zu deinen Notizen aus.

   c) Besprecht euch in der Klasse und überlegt gemeinsam, was für euch das Wichtigste am Weihnachtsfest ist.

4. Der Ochse fragt den Esel: „Übrigens, wissen das eigentlich die Menschen?“ Was könnte der Esel darauf antworten? Schreibe auf.

Narren-Lexikon

1. Narrenzeit: Was ist wann? Beschrifte das Schaubild. Die Wörter helfen dir.

Aschermittwoch · Rosenmontag · ~~Schmotziger Donnerstag~~ · 11.11. · Faschingsdienstag · Fünfte Jahreszeit

____

Herbst → Winter → Frühling

Herbst: Beginn der Narrenzeit: ______________________

Winter:
- Schmotziger Donnerstag
- ______________________
- Ende der Narrenzeit: ______________________
- Beginn der Fastenzeit: ______________________

2. Warum wird Fastnacht gefeiert? Schaue unter **B wie Brauchtum** nach.

____

____

3. Welche anderen Namen für Karneval gibt es noch? Schaue unter **K wie Karneval** nach.

____

____

4. Welche Fastnachtsbräuche kennst du? Was ist das Besondere daran? Tauscht euch aus.

Die vier Brüder

S. 179

1. Wer sind die vier Brüder?

2. Welche Wörter in den Strophen verraten, um welche Jahreszeit es sich handelt? Schreibe sie auf.

Frühling:

Sommer:

Herbst:

Winter:

3. Welche Jahreszeit magst du am liebsten? Mache deine persönliche Rangordnung und schreibe auf, was du an den Jahreszeiten magst und was nicht.

Denke zum Beispiel an Wetter, Schule, Ferien, Spiele, Hobbys, Treffen mit Freunden oder Feste.

Meine Nummer 1:

Meine Nummer 2:

Meine Nummer 3:

Meine Nummer 4:

S. 181

1. Welche Merkmale treffen auf das Gedicht „Sommer“ zu? Kreuze an.

K ☐ Es reimt sich nichts.

G ☐ Es reimen sich immer zwei Zeilen.

U ☐ Die Anfangsbuchstaben der Zeilen ergeben zusammen ein Wort.

A ☐ Wenn man jedes zweite Wort liest, ergibt sich eine Geheimbotschaft.

R ☐ Alle Wörter fangen mit dem gleichen Buchstaben an.

T ☐ Alle Zeilen zusammen ergeben einen Satz.

2. Die Buchstaben vor den richtigen Merkmalen ergeben ein Lösungswort.

Trage das Lösungswort ein: ______________ gemacht!

Akrostichon
Bei einem Akrostichon bilden die Anfangsbuchstaben aufeinanderfolgender Wörter oder Sätze ein Nomen.

3. Schreibe selbst ein Akrostichon zum Thema „Sommer“.

S ______________________________

O ______________________________

M ______________________________

M ______________________________

E ______________________________

R ______________________________